U0783002

高尔夫球

全民健身项目指导用书

贡娟　张瑜◎主编

吉林出版集团股份有限公司　全国百佳图书出版单位

图书在版编目（CIP）数据

高尔夫球 / 贡娟, 张瑜主编. -- 2 版. -- 长春：
吉林出版集团股份有限公司, 2010.2 (2024.8重印)
全民健身项目指导用书
ISBN 978-7-5463-2324-4

Ⅰ. ①高… Ⅱ. ①贡… ②张… Ⅲ. ①高尔夫球运动
－基本知识 Ⅳ. ①G849.3

中国版本图书馆 CIP 数据核字(2010)第 028322 号

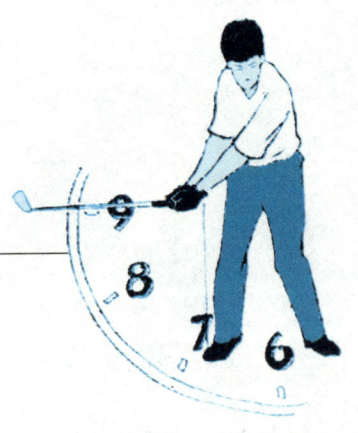

全民健身项目指导用书

高尔夫球
GAO'ERFUQIU

主　编　贡 娟　张 瑜
责任编辑　黄 群　杜 琳
封面设计　吕宜昌
开　本　650mm×960mm　1/16
印　张　5
字　数　30 千
版　次　2010 年 2 月第 2 版
印　次　2024 年 8 月第 4 次印刷
出版发行　吉林出版集团股份有限公司
地　址　吉林省长春市福祉大路 5788 号
邮　编　130000
电　话　0431-81629968
电子邮箱　11915286@qq.com
印　刷　三河市金兆印刷装订有限公司
书　号　ISBN 978-7-5463-2324-4　定　价　26.00 元

版权所有　翻印必究
如有印装质量问题，请寄本社退换

序言

　　自 1995 年我国政府推出《全民健身计划纲要》以来，我国群众性体育活动蓬勃发展，取得了显著的成绩。2008 年，举世瞩目的北京奥运会的成功举办，极大地激发了亿万人民群众的体育热情，增强了全社会的体育意识，营造了浓厚的全民健身氛围。面对这样的可喜局面，群众体育科研、教学工作者应义不容辞地为社会实践服务，从不同角度思考，如何使普通百姓通过简而易行的身体锻炼方式、方法和手段达到良好的健身效果，达到拥有健康的目标，从而享受生活、享受快乐人生。该书系就是在这样的思想指导下诞生的。

　　本书系能够顺应国家体育的大政方针，掌握时代脉搏，对指导大众健身，使大众掌握健身方法和手段有很好的促进作用。

　　本书系图文并茂，实用性强，分为球类运动、体操健身运动、传统武术、冰雪运动、水上运动、体育舞蹈、休闲运动、格斗运动、民间体育活动和极限运动等十大类项目，计 100 分册，按照统一的体例，力争有所创新。每册的具体内容为该项目的起源与发展、运动保健、基本技术、运动技巧、比赛规则等，使读者在学习过程中，不仅能够学会运动健身的方法，同时还能够学到保健方面的基本知识。

　　经国务院批准，自 2009 年起，将每年的 8 月 8 日定为"全民健身日"。《全民健身项目指导用书》的出版，必将为开展全民健身活动起到积极的推动和指导作用。

目录 CONTENTS

目录 CONTENTS

第一章　概述

　　高尔夫球运动是一项时尚、高雅的体育健身运动，它是继足球、网球之后公认的世界第三大运动，并与网球、保龄球和台球并称为"世界四大绅士运动"。

第一节

起源与发展

高尔夫球是一项古老的贵族运动，起源于 15 世纪的苏格兰地区，后来传入美洲、亚洲以及世界其他地区。现在这一运动拥有多项国际赛事，已成为一项颇受欢迎的世界性运动。

苏格兰地区山地较多，气候湿润，特别适合牧草生长，在工业文明以前，这里是一望无际的牧场。当时的牧羊人在放牧休息时，喜爱玩一种用木板将石子击入兔子洞或洞穴中的游戏，这就是高尔夫球的雏形。

苏格兰地区非常寒冷，人们每次出去打球时，总要带上一瓶烈性酒，每次发球前先喝一瓶盖酒。一瓶酒重 18 盎司（510 克），而一瓶盖正好装 1 盎司（28.35 克），打完 18 个洞，酒也喝完了。久而久之，很多人便认为打一场球必须打 18 个洞。

16 世纪，高尔夫球运动逐渐受到苏格兰上流社会的推崇，在皇室的影响下，高尔夫球运动很快在苏格兰地区流行开来。

高尔夫球运动很快传播到世界各地。世界性高尔夫球机构的设立以及各项赛事的举办，进一步推动了高尔夫球运动的传播与普及。

世界上第一家高尔夫球俱乐部设立在苏格兰的爱丁堡，1755 年又成立了"皇家高尔夫球俱乐部"，即现在的"圣·安德鲁斯皇家古代高尔夫球俱乐部"。这两个俱乐部对苏格兰高尔夫球运动，乃至世界高尔夫球运动的发

展起到了重大的推动作用，它们共同制定了高尔夫球运动规则。

18 世纪初，高尔夫球运动传入北美洲。1795 年美国成立了第一家高尔夫球俱乐部，从此，高尔夫球运动在美国不断发展。第二次世界大战后，美国开始在这一项目上显示出强劲的实力，并树立了其在高尔夫球坛上的霸主地位。

19 世纪 20 年代，高尔夫球运动传入亚洲。20 世纪后期，亚洲的高尔夫球运动蓬勃开展起来，尤其是亚洲"五小龙"经济的迅速发展，使高尔夫球运动得到了很大的发展。

1900 年，第 2 届巴黎奥运会把高尔夫球列为表演项目。1984 年，国际奥委会批准高尔夫球为奥运会正式比赛项目，但后来因为奥委会的"瘦身运动"使高尔夫球比赛淡出奥运赛场。

▼ 机构与赛事

✿ 机构

国际高尔夫联合会(IGF)成立于 1958 年，原名世界业余高尔夫委员会，2003 年改名为国际高尔夫联合会。联合会致力于高尔夫球运动在国际上的发展，现有 110 多个协会会员。

中国高尔夫球协会于 1985 年成立。

✿ 赛事

(1)英国高尔夫球公开赛，每年一届；

(2)美国高尔夫球公开赛，每年一届；

(3)美国高尔夫球精英赛，每年一届；

(4)美国职业高尔夫球协会锦标赛，每年一届；

(5)世界高尔夫球锦标赛，每 2 年一届；

(6)世界杯高尔夫球赛，每年一届。

▼ 发展趋势

✿ 国内趋势

高尔夫球运动对场地和器材的要求很高，目前还未达到普及。但高尔夫

球运动从平民中产生，本应是属于大众的健身活动，未来中国将顺应国际发展潮流，把高尔夫球场建成高、中、低不同档次，以适应各种人群的需要。室内高尔夫球场模拟系统的诞生，可使众多普通人加入到高尔夫运动的行列中来。

中国高尔夫球运动的领军人物当属张连伟。2003 年，在新加坡大师赛中，他获得 2004 年全年欧洲巡回赛的参赛资格。2004 年，他受到邀请参加美国大师赛，并征战奥古斯塔国家高尔夫球会，开创了中国高尔夫球运动史上的先河。

小将梁文冲则是在大卫杜夫巡回赛上广受瞩目的亚洲新星之一。2007 年，他成为中国内地首个顺利加冕亚巡奖金王的球手，赢得全亚洲整个 2007 年高尔夫球界的最高荣誉。梁文冲的成功势必会掀起中国高尔夫运动的第二个浪潮。

国外趋势

高尔夫球运动是一项公认的由高尚人士参与的"贵族运动"，也是具有广泛影响力的竞技体育项目之一。在欧美国家，高尔夫球运动十分流行，特别是室内高尔夫球运动的出现使得更多的平民百姓有机会参与其中，这进一步推动了高尔夫球运动的普及。

第二节
场地、器材和装备

高尔夫球运动是一项"贵族运动"，器材和装备都比较昂贵。在不同的场地、使用不同的球杆打出的球速度和方向都不同，所以高尔夫球运动对场地、器材和装备的要求比较高。

高尔夫球场地是经球场设计者的创作，将草地、湖泊、沙地和树木等自

然景观展现在人们面前的艺术品。所以，世界上没有两块完全相同的高尔夫球场。

规　格

球洞　见图 1-2-1

一个标准的高尔夫球场设 18 个球洞。

每块场地均设发球台、球道和球洞，以发球台为起点，中间为球道，果岭上的球洞为终点。1～9 号为前 9 洞，10～18 号为后 9 洞。前 9 洞和后 9 洞设长、短距离的球道各 2 个，中等距离的球道各 5 个，18 个洞的标准杆为 72 杆。

图 1-2-1

球道　见图 1-2-2

高尔夫球场通常包括长、中、短 3 种球道，具体规格如下：

（1）男子比赛用的长球道距离为 430 米以上，女子比赛用的长球道为 401～526 米，标准杆为 5 杆；

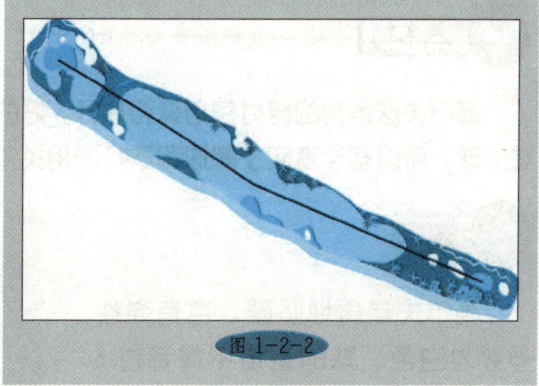

图 1-2-2

（2）男子比赛用的中球道为 228～430 米，女子比赛用的中球道为 193～366 米，标准杆为 4 杆；

（3）男子比赛用的短球道为 228 米以内，女子比赛用的短球道为 183 米以内，标准杆为 3 杆。

 区域划分

高尔夫球场可以划分为 3 个主要功能区域：会馆区、球道区和草坪管理区。各功能区域在管理上具有相对的独立性，并在功能上相辅相成。

会馆区

会馆区是整个高尔夫球场的管理中枢，是球场接待、办公、管理和后勤供应的场所，也是高尔夫球手登记和休息的场所。

球道区

球道区是整个球场的主要部分，呈带状铺设在一片开阔地上，其面积占整个球场面积的 95% 以上，由击球的草坪区域以及水区域、沙坑和树木等障碍区域组成。

草坪管理区

草坪管理区是球道区日常维修管理机械和物资等的存放区域，是机械保养和维修的区域，还是进行草坪实验与其他活动的场所。

 器材

高尔夫球运动的器材包括球和球杆。好的器材能够帮助球手轻松打出理想的球，所以初学者应了解球和球杆的相关知识。

 球

高尔夫球质地坚硬，富有弹性，多数为白色。球的重量不得超过 50克，直径不得小于 4.3 厘米，球体完全对称（见图 1-2-3）。

图 1-2-3

球杆

球杆由杆头、杆颈和杆把组成，有木杆和铁杆两大类，每类又包括不同用途的各种型号的球杆（见图1-2-4）。

木杆

木杆的特点是杆身长、杆头较轻（顶端击球部位为木质），便于挥杆，主要用于开球和击打远距离球。木杆按长度分为5个型号。

铁杆

铁杆的特点是易于保持击球方向和落点的准确性。铁杆一般有12根，其中除1～9号铁杆外，还有1根用于近距离劈起击球的劈起杆（P），1根用于沙坑中击球的沙坑杆（S）和1根用于果岭上推球入洞的推球杆。

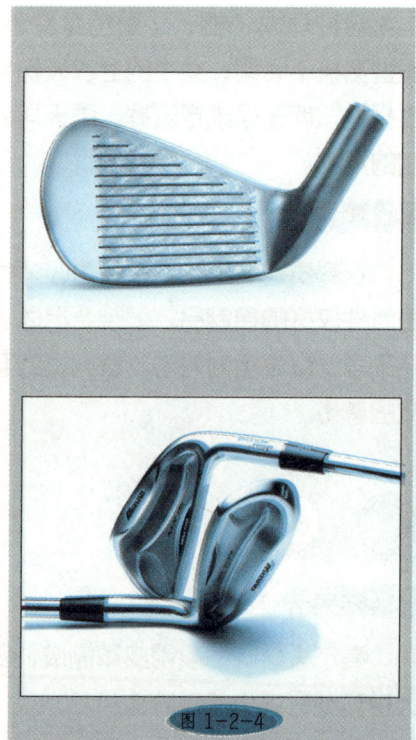
图1-2-4

装备

进行高尔夫运动，不仅需要质量好的球杆和球，还需要一身适于打高尔夫球的装备，包括服装和鞋等。

服装

高尔夫球运动不仅是一项体育运动，也是一种高雅的社交活动，对服装有一定的要求。

❋ 款式　见图 1-2-5

男士在打球时穿 V 领毛线背心，里衬短袖有领 T 恤，下配合身便装裤，裤型宽松不紧绷；女士的上衣装扮与男士相近，裤子可改穿短裤。雨天可穿特制的雨衣。

❋ 要求

衣料质地要柔软，一般为吸汗性和透气性较好的棉制品。服装要得体、整洁干净，以表示对对方、裁判员乃至观众的尊重。

图 1-2-5

▼ 鞋

❋ 款式　见图 1-2-6

高尔夫球鞋一般用皮革制成，鞋底上带有鞋钉或小的橡胶头。

❋ 重要作用

（1）增强击球站位的稳定性，有利于保持身体平衡，能够更合理地完成击球动作；

（2）皮革面可以防雨和露水，在潮湿积水地面可以起到防滑的作用，行走时也可以节省体力；

（3）在行进和击球时，鞋钉扎出的洞有利于草根部的通气，起到保护草皮的作用。

图 1-2-6

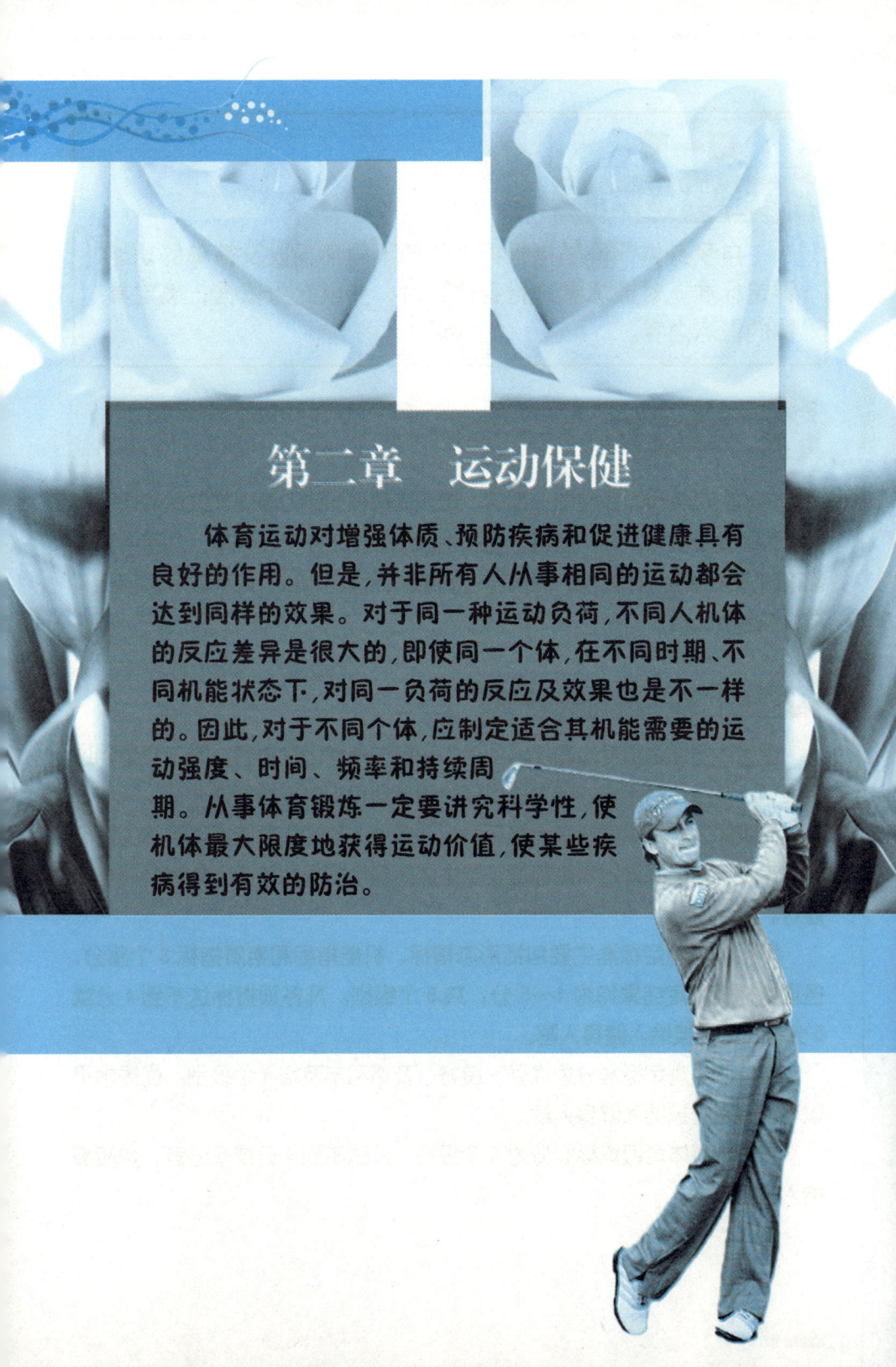

第二章　运动保健

体育运动对增强体质、预防疾病和促进健康具有良好的作用。但是，并非所有人从事相同的运动都会达到同样的效果。对于同一种运动负荷，不同人机体的反应差异是很大的，即使同一个体，在不同时期、不同机能状态下，对同一负荷的反应及效果也是不一样的。因此，对于不同个体，应制定适合其机能需要的运动强度、时间、频率和持续周期。从事体育锻炼一定要讲究科学性，使机体最大限度地获得运动价值，使某些疾病得到有效的防治。

第一节

自我身体评价

　　自我身体评价是指根据个体的不同情况以及简单的功能评定标准，对锻炼者进行身体评价，并以此为依据，确定具体的锻炼内容。

运动保健

　　体适能是全身适应性的一部分，是人体精神和体力对现代生活的适应能力。为了促进健康，预防疾病，提高生活质量和工作学习效率，几乎所有人都可以追求健康的体适能，而且经过简单的评价和测试，均可以成为目标人群，即适宜人群。

健康体适能评价标准

　　健康体适能是指身体有足够的活力和精力处理日常事务，而不会感到过度疲劳，并且还有足够的精力去享受休闲活动和应对突发事件。

　　健康体适能是确定锻炼者是否为运动适宜人群的主要依据。目前的评价标准主要包括国民体质测定标准、学生体质测定标准和普通人群体育锻炼标准等。

　　国民体质测定标准主要包括形态指标、机能指标和素质指标 3 个部分，各项指标的测定结果均为 1～5 分，共 5 个级别。凡各项指标达不到 4 分或 5 分者，均应被纳入健身人群。

　　学生体质测定标准分为优秀、良好、及格和不及格 4 个级别。优秀水平以下者，均应被纳入健身人群。

　　普通人群体育锻炼标准分为 5 个级别，凡达不到 4 分或 5 分者，均应被纳入健身人群。

简易运动功能评定

简易运动功能评定的目的在于确定运动对象有无运动禁忌症或临时运动禁忌的情况，即是否适合参加体育锻炼，以达到防备万一，避免意外事故发生的目的。目前通行的方式是 3 分钟踏台阶测试。

目的

测试锻炼者运动后心率恢复的情况，以评估其心肺功能。

器材 见图 2-1-1

30 厘米高的长凳、节拍器、秒表和时钟。

图 2-1-1

步骤 见表 2-1-1

（1）节拍器设定为每分钟 96 次，锻炼者依"上上下下"的节拍运动 3 分钟。

（2）锻炼者完成 3 分钟踏台阶后，5 秒钟内开始测量其脉搏，时间为 1 分钟，记录其心率，并依据下表评价其功能水平。

（3）运动后心率越低，证明其心肺功能越好。在运动强度允许的范围内，锻炼者可选择运动强度的较高值来进行运动。

表 2-1-1　3 分钟台阶测试评价表

	年龄（岁）	欠佳（次）	尚可（次）	一般（次）	良好（次）	优异（次）
男士	18~25	>115	105~114	98~104	89~97	<88
	26~35	>117	107~116	98~106	89~97	<88
	36~45	>119	112~118	103~111	95~102	<94
	46~55	>122	116~121	104~115	97~103	<96
	56~65	>119	112~118	102~111	98~101	<97
	65+	>120	114~119	103~113	96~102	<95
女士	18~25	>125	117~124	107~116	98~106	<97
	26~35	>128	119~127	111~118	98~110	<97
	36~45	>128	118~127	110~117	102~109	<101
	46~55	>127	121~126	114~120	103~113	<102
	56~65	>128	118~127	112~117	104~111	<103
	65+	>128	122~127	115~121	101~114	<100

注意事项

如受试者经过努力仍无法完成测试，或出现头晕、胸闷、出冷汗等症状，应终止测试。运动中应特别考虑运动强度，以防出现意外。

锻炼目标

锻炼目标应根据个体不同的身体状况来确定，可分为近期目标和远期目标。此外，确定锻炼目标还应结合锻炼者的运动意向、愿望和兴趣以及本人的健康状况、疾病程度等因素。

近期目标

近期目标是指锻炼者近期应达到的目标。在进行运动之前，应首先明确锻炼目标，即近期目标。选择一两个健康体适能构成要素，作为未来两个月内努力完成的目标，而且应从成功概率较高的构成要素开始，并将预期两个月后要达到的目标做上记号，如提高某个或某些关节的活动幅度，增强某个肌肉群的力量等。

远期目标

远期目标是指锻炼者最终要达到的目标。实践证明，经过科学合理的锻炼后，锻炼者是可以达到一般的远期目标的，如提高心肺功能，使其达到优秀的等级，或达到降血脂、防治高血压和冠心病的目的等。

运动负荷

运动负荷即运动量。怎样控制运动量，合适的运动时间是多少等，一直是人们争论不休的问题。但有一点是可以肯定的，那就是任何有关身体活动的意见和建议，都需要综合考虑锻炼者的身体状况和所要达到的目标，并以此为依据来制订科学的身体锻炼计划。

 **运动强度**

运动过程中,运动强度过小,达不到锻炼的效果;运动强度过大,不仅达不到最佳的锻炼效果,还可能产生一些副作用,甚至出现意外事故。确定运动强度有两种方法。

心率简易推测法

(1)年龄在 20 岁左右的年轻人,身体健康,能坚持体育锻炼,欲进一步提高身体机能,可取最大心率值(最大心率值 =220 - 年龄)的 65%～85%。

(2)年龄在 45 岁以下,身体基本健康,有运动习惯者,开始进行健身锻炼,可取最大心率值的 65%～80%,没有运动习惯者,开始进行健身锻炼,可取最大心率值的 60%～75%。

(3)年龄在 45 岁以上,身体基本健康,有运动习惯者,开始进行健身锻炼,可取最大心率值的 60%～75%,没有运动习惯者,建议根据自身情况咨询专业人员来指导和确定运动强度。

主观感觉疲劳分级表推测法　见表 2-1-2

运动的疲劳程度大致分为 10 级,具体为:0～1 级,没感觉;2～3 级,尚轻松;4～5 级,稍累;6～7 级,累;8～9 级,很累;10 级,精疲力竭。因此,健身锻炼的运动强度应控制在主观感觉疲劳程度的 4～7 级。

表 2-1-2　主观感觉疲劳分级表

0 轻松	•	2 尚轻松	•	4 稍累	•	6 累	•	8 很累	•	10 精疲力竭

 运动频率

运动频率是指每日及每周锻炼的次数。一般每周锻炼 3～4 次，即隔日锻炼 1 次即可。有充足的休息时间，可使身体得到充分的休息，收到更好的锻炼效果。

 运动持续时间

运动强度和运动持续时间，决定了一次锻炼的运动量和热量消耗。运动持续时间与运动强度成反比，运动强度大，运动持续时间可相应缩短，运动强度小，则运动持续时间应相应延长。

一般的健身锻炼，运动持续时间以每天 20～60 分钟为宜，其中包括准备活动时间、健身锻炼时间和整理活动时间。每次健身锻炼应在 20 分钟以上，锻炼可一次性完成，也可分段进行，但每段的活动时间应在 10 分钟以上。

第二节

运动价值

运动价值一直是人们探讨的问题，一般认为运动具有两方面的价值，即健身价值和心理价值。身体和精神的健康是相互依存的，伴随着身体功能的改善，精神状况逐渐也能同时得到改善。

 健身价值

健身价值在于提高体适能。体适能包括心肺耐力素质、肌肉力量素质、柔韧性素质和身体成分等。体适能的发展是积极从事锻炼的结果，只有规律性的体育锻炼才能达到最佳的体适能。

提高心肺耐力素质

心肺耐力是指全身肌肉进行长时间运动的持久能力，是体内心肺系统对身体各细胞的供氧能力。人体的心脏、肺、血管、血液等组织的功能是心肺耐力的基础，它们与氧气和营养物质的输送以及代谢物的清除有关。健全的心肺功能是健康的基本保证。

系统的体育锻炼，可以使心肌增厚，收缩力加强，心室容积增大，从而使心脏的泵血功能增强，表现为心血输出量增加。

系统的体育锻炼，呼吸系统机能也将得到提高，表现为呼吸肌的力量增强，肺活量、肺通气量明显增加，保证对机体供氧的能力。

系统的体育锻炼，可以促进血管系统的形态、机能和调节能力产生良好的适应力，从而提高机体的工作能力。

系统的体育锻炼，可以使血液系统产生某些适应性变化，如血容量增加、血黏度下降、红细胞膜弹性增强和红细胞变形能力增强等。

 提高肌肉力量素质

肌肉力量是指肌肉最大收缩产生的对抗阻力或负荷的能力。肌肉力量只有达到一定的程度，才能克服外界阻力，而克服外界阻力是维持日常生活自理、从事各种劳动和运动的必要前提。

系统的体育锻炼，可以提高肌肉的生理横断面积，可以改善神经系统对肌肉收缩的支配功能，还可以提高肌肉内代谢物质的储备量，使肌肉力量得到提高。

 提高柔韧性素质

柔韧性是指人体各关节的活动幅度，即关节的肌肉、肌腱和韧带等软组织的伸展能力。柔韧性对于保证正常生活质量、维持正常体态、预防损伤发生和减轻损伤程度等方面均起到至关重要的作用。

系统的体育锻炼，还可以延缓因年龄因素而导致的柔韧性下降，预防因缺乏运动而导致的关节结构、周围软组织和膝关节肌肉退化，从而使锻炼者

的日常生活、劳动和运动等更加充满活力。

改善身体成分

身体成分是指人体体重中的脂肪组织和去脂组织的重量百分比。身体成分中的脂肪成分增加，肌肉成分必然下降。身体中不具备收缩功能的脂肪组织增加，必然导致身体进行各种活动的能力下降，基础代谢水平降低，肥胖症、冠心病、高血压、糖尿病、高血脂等慢性疾病发病率的提高。因此，身体成分是保证人体健康的重要内容之一。

通过系统的体育锻炼，随着锻炼者体质的增强，热量消耗便随之增加，进而燃烧掉体内多余的脂肪，使身体成分得到改善。而身体成分的改善，又可以减少体重对关节可能带来的不利影响，还可以使肥胖者的心理状况得到改善，增强其自信心，使其逐步建立起健康的生活方式。

研究证明，有规律的体育锻炼不但可以使锻炼者增强体质、促进身体健康、预防一些慢性疾病，还可以提高锻炼者的生活满意度和生活质量，对其心理健康产生积极影响。

体育锻炼的心理健康效应主要表现在六个方面：

改善情绪状态

短期效应

研究发现，体育锻炼对人的情绪状态具有显著的短期效应。运动后人们的焦虑、抑郁、紧张和心理紊乱等症状会明显减轻，而精力和愉快程度则会明显增强。而且这种情绪的迅速变化，与锻炼者个体的健康状况、活动形式和活动强度等有着直接的联系。

长期效应

体育锻炼对人情绪的长期效应有着直接的影响，与不锻炼者相比，有规律的锻炼者在较长时期内很少会产生焦虑、抑郁、紧张和心理紊乱等情绪。

 **完善个性行为特征** 见表 2-2-1

人们的行为特征一般可以分为两种类型，用 A 型行为特征和 B 型行为特征来表示。A 型行为特征主要表现为性情急躁、争强好胜、容易激动、整天忙碌和做事效率高等。B 型行为特征主要表现为不好竞争、不易紧张、不赶时间、对人随和、喜欢自由自在等。具有 A 型行为特征的人由于过度紧张的情绪反应，会引起内分泌失调，增加心脏病发病的概率。目前的一些研究主要集中在体育锻炼对改变 A 型行为特征的作用方面。研究结果表明，有规律的体育锻炼能明显改变 A 型行为特征。

 表 2-2-1 A、B 型个性行为特征常见表现

A 型行为特征者常见表现	B 型行为特征者常见表现
约会从来不迟到	对约会很随便
竞争意识很强	竞争意识不强
别人要讲话时总爱抢先或插话	是别人讲话时很好的听众
总是匆匆忙忙	即使有压力也从不匆忙
等待时缺乏耐心	能够耐心等待
干事时全力以赴	处事漫不经心
同时想干很多事	在一段时间里只干一件事情
讲话喜欢用加强语气,甚至敲桌子	讲话语速缓慢、不慌不忙
做了好事希望能得到别人的认可	只要自己满意即可,不管别人怎样想
吃饭、走路都很快	做事情很慢
不善与人相处	为人随和
容易暴露自己的感情	能控制自己的感情
具有广泛的兴趣	没什么业余爱好
雄心壮志	满足于目前的工作和学习状况

 确立良好自我概念

自我概念是指个体对自己身体、思想和情感的主观整体评价，它由许多自我认识组成，包括我是什么人、我主张什么和我喜欢什么等。

坚持体育锻炼，可以使锻炼者体格强健、精力充沛、提高驾驭身体的能力，从而改善对自身的满意程度，确立良好的自我概念。

改变睡眠模式

根据脑电图的显示，人的睡眠可以分为两种状态，即慢波睡眠状态和快波睡眠状态。前者为浅度睡眠状态，后者为深度睡眠状态。一夜之间两种睡眠状态会交替发生 4～5 次。

有规律的体育锻炼不仅对慢波睡眠有促进作用，而且能缩短入眠的潜伏期，并延长睡眠的时间。

改善认知能力

体育锻炼还能改善人的认知过程，避免反应时间过长、注意力不集中和思维混乱等症状的发生，尤其对老年人的认知能力改善效果更为明显。

增加心理治疗效应

体育锻炼被公认为是一种心理治疗的好方法。目前人群中常见的心理疾患是抑郁症和焦虑症。研究发现，体育锻炼是治疗抑郁症的有效手段之一，抑郁症患者经过有规律的体育锻炼，抑郁症状能明显减轻。

体育锻炼还具有治疗焦虑症的作用，通过有规律的体育锻炼，可以使锻炼者的焦虑症状明显改善。

第三节

运动保护

在运动过程中，人体机能会随时发生变化。因此，应针对这种机能变化的特点来进行体育锻炼，也就是我们所说的运动保护。运动保护一般包括运动前准备、运动后放松和自我养护三个方面。

准备活动是指在正式运动之前进行的有目的的身体练习。做好充分的

准备活动，可以缩短机体进入最佳状态的时间，同时还可以预防运动损伤的发生，为机体发挥最大的工作效率做好功能上的准备。

 准备活动的作用

提高中枢神经系统兴奋状态

(1)使大脑反应速度加快，参加活动的运动中枢神经相互协调。

(2)为正式运动时生理机能达到适宜程度提前做好准备。

提高机体代谢水平

(1)准备活动可以使锻炼者体温升高，降低肌肉黏滞性，使肌肉的伸展性、柔韧性和弹性增强，从而有效预防运动损伤的发生。

(2)准备活动可以增强体内代谢酶的活性，使物质代谢水平提高，以保证运动时有较充分的能量供应。

克服内脏器官生理惰性

(1)准备活动可以提高心血管系统和呼吸系统的机能水平，使肺通气量及心血输出量增加。

(2)可以使心肌和骨骼肌的毛细血管扩张，使其工作肌获得更多的氧，从而克服内脏器官的生理惰性，使之尽快达到最佳状态。

增加皮肤毛细血管的血流量

准备活动可以使皮肤毛细血管的血流量增加，运动后毛细血管扩张，有利于散热，降低体温，有效防止开始正式活动时由于体温过高而影响运动能力。

 准备活动要求

准备活动时间

(1)准备活动的时间可以根据运动项目的具体情况确定，一般以10～30分钟为宜。

(2)准备活动与正式运动的间隔时间，一般以不超过15分钟为宜，可以在做完准备活动后立刻进行正式运动。

运动保护

（1）准备活动的强度和量应较正式运动小，以免引起不必要的疲劳。

（2）准备活动的量可以由心率来决定，心率以100～120次／分为宜。

准备活动内容

一般性准备活动

一般性准备活动的内容多以伸展运动开始，然后进行一般性的跑步、徒手体操等活动。

下面介绍一套常用的一般性准备活动操，供锻炼者运动前使用。这套活动操主要包括头部运动、肩部运动、扩胸运动、体侧运动、体转运动、髋部运动和踢腿运动等。

头部运动

头部运动的动作方法（见图2-3-1）：两手叉腰，两脚左右开立，做头部向前、向后、向左、向右，以及绕环运动。

图2-3-1

运动保健

肩部运动

肩部运动的动作方法（见图 2-3-2）：手扶肩部，屈臂向前、向后绕环，以及直臂绕环。

扩胸运动

扩胸运动的动作方法（见图 2-3-3）：屈臂向后振动及直臂向后振动。

体侧运动

体侧运动的动作方法（见图 2-3-4）：两脚左右开立，一手叉腰，另一臂上举，并随上体向对侧振动。

体转运动

体转运动的动作方法（见图 2-3-5）：两脚左右开立，两臂体前屈，身体向左、向右有节奏地扭转。

髋部运动

髋部运动的动作方法（见图 2-3-6）：两脚左右开立，两手叉腰，髋关节放松，向左、向右 360 度旋转。

图 2-3-2

图 2-3-3

踢腿运动

踢腿运动的动作方法（见图 2-3-7）：两臂上举后振，同时一腿向后半步，重心置于前腿，两臂下摆后振，同时向前上方踢腿。

图 2-3-4

图 2-3-5

图 2-3-6

图 2-3-7

专门性准备活动

专门性准备活动的动作方法、节奏和强度等与正式锻炼相似，目的是使人体主要肌群在运动前得到动员，为正式锻炼做好准备。

运动后放松

运动后放松是指运动之后所进行的一些能够加速机体功能恢复的、较轻松的身体活动。与运动前准备活动相反，其目的是使锻炼者的生理机能水平逐步得到恢复。

放松方法

运动性手段

（1）运动结束后，锻炼者可采用变换运动部位的方法来消除疲劳，如上肢出现疲劳时可做一些慢跑运动，下肢出现疲劳时可做一些上肢运动。

（2）转换运动类型也是一种不错的放松方法，如打羽毛球出现疲劳时，可从事瑜伽运动来达到放松的目的。

（3）还可以用调整运动强度的方法来缓解疲劳，如可以在放松过程中，采用小强度的轻微运动方法等。

整理活动 见图 2-3-8

（1）整理活动是指运动后所做的一些能够加速机体功能恢复的身体活动，如剧烈运动后进行 3～5 分钟慢跑或其他整理活动，使身体机能得以恢复。

（2）剧烈运动后如不做整理活动而骤然停止动作，会影响氧气的补充和静脉血的回流，使机体血压降低，引起不良反应。

图 2-3-8

（1）在进行整理活动时动作应缓慢、放松，运动量不要过大，否则会引起新的疲劳。

（2）在进行整理活动时，应当保持心情舒畅、精神愉快。

锻炼后，锻炼者感觉身体疲劳是一种正常的生理现象，是体育锻炼过程中的正常反应，随着体育锻炼时间的延长，疲劳症状会自然消失。运动性疲劳出现后，锻炼者如果采用一些自我养护措施，可以加速身体机能的恢复，尽快消除疲劳，提高锻炼效果。常见的自我养护方法主要包括运动后休息、合理营养和物理手段等三种。

🌀 **静止性休息** 见图 2-3-9

（1）静止性休息是指锻炼者运动后保持机体相对的静止状态，以促进身体机能的恢复，尽快消除疲劳。

（2）静止性休息的最佳方式之一是睡眠，特别是刚开始从事锻炼者，身体不适应或疲劳症状明显时，更应该保证足够的睡眠，否则，锻炼者虽然积极参加了体育锻炼，但收效甚微，甚至会导致过度疲劳症状的发生。

（3）静止性休息更适合于消除全身运动导致的整体疲劳症状。

图 2-3-9

积极性休息 见图 2-3-10

（1）积极性休息更适合由于少量肌肉群参与工作而导致的局部疲劳，或运动强度较大而导致的快速疲劳。

（2）积极性休息可以加速血液循环，有利于代谢物排出体外，对促进身体机能的恢复具有明显的效果。

图 2-3-10

见图 2-3-11

图 2-3-11

小强度、长时间的运动形式，主要是靠糖原的有氧代谢提供能量。运动后应及时补充淀粉类食物，如面粉、大米等，以促进消耗糖原的合成。随着人民生活水平的提高，在饮食结构中，肉类食品的比重不断增加，而淀粉类食品的比重逐渐减少，这一现象应当引起人们的注意，特别是老年人参加体育锻炼，更应注意对淀粉类食物的补充。

强度较大、时间又相对较长的运动形式，主要是靠糖原的无氧代谢提供能量。这样，糖原无氧代谢产物——乳酸便会在体内大量堆积。因此，运动后应多补充蔬菜、水果等碱性食品，以加速乳酸的清除，达到尽快消除疲劳的目的。

物理手段

按摩及牵拉 见图 2-3-12

(1)通过刺激神经末梢、皮肤结缔组织和毛细血管的按摩方法，可以使紧张的肌肉得以放松，从而改善局部组织和全身的血液循环，达到促进身体机能恢复的目的，这种方法可以在锻炼后马上进行。

(2)此外，还可以采取缓慢牵拉肌肉的方法，使收缩的肌肉得到充分的伸展放松。

水疗及电疗

(1)水疗包括芬兰式蒸汽浴、热水浴和桑拿浴等多种形式，主要作用是通过提高体温，促进血液循环，清除代谢物，以达到尽快消除疲劳、恢复体力的目的。

(2)水疗的时间一般以不超过 30 分钟为宜，如果时间过长，会进一步消耗体力，严重时甚至会出现暂时性脑缺血现象。

（3）如果条件允许，还可对疲劳的肌肉进行低频治疗。低频治疗仪的原理是模拟针灸疗法，使用时将电极用不干胶对称地粘贴在运动部位表皮上。这种疗法可以促进局部血液循环，改善组织代谢，缓解肌肉酸痛，消除疲劳。

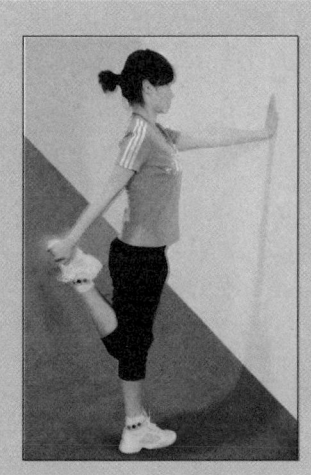

图 2—3—12

第三章　基本技术

　　高尔夫球的基本技术由握杆、准备击球姿势、瞄球、挥杆击球和顺摆动作等几部分组成。一名优秀的高尔夫选手必须掌握正确、实用和全面的击球技术。击球技术的好坏，最终体现在选手击球的力量、球速、对球的飞行弧线控制能力的高低和球的落点是否准确上。

第一节

握杆

握杆是指选手双手握住球杆的位置和方法，它是高尔夫球运动中最基本的动作。握杆方法正确与否，对选手能否掌握合理、准确、全面的基本技术关系重大。高尔夫球选手既可用左手握杆，也可用右手握杆。

左手握杆 ◆◆◆◆◆◆◆◆◆◆◆◆◆◆

动作方法 见图 3-1-1

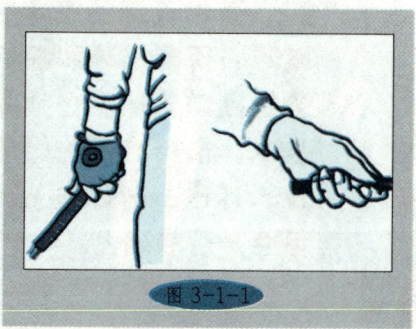

图 3-1-1

（1）左手自然下垂，手指指向地面，左手很自然地握住球杆，球杆放在左手掌对角线上；

（2）食指第一指节的位置略低于拇指的指尖，缩拇指可使后面的二指牢固握杆，便于用力。

技术要点

（1）左手正确地握住球杆之后，左手背应正对目标，拇指和食指所合成的直线指向右眼或右耳，由上往下看，只能看到前两个指节；

（2）左手握好球杆后，将球杆举到胸前，体会一下手指的用力。

右手握杆 ◆◆◆◆◆◆◆◆◆◆◆◆◆◆

左手按正确位置握好球杆后，再用右手按握手姿势去握杆。握杆方法大体可分为重叠式、连锁式和十指式。

重叠式握法

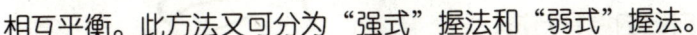 **动作方法** 见图 3-1-2

（1）先将右手置于杆身右侧，右手指顺着握把向下伸出，右小指扣住左手食指的指节，右食指应呈扣扳机状扣住球杆，并与中指明显分开。

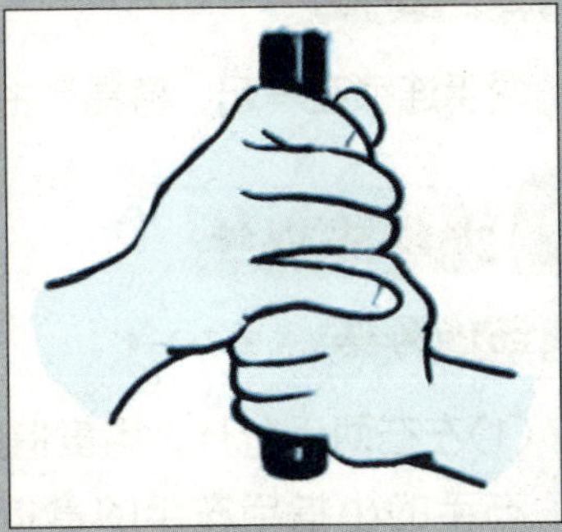

（2）中指、无名指握住球杆；右拇指应位于握把左侧的中央，以便和食指相互平衡。此方法又可分为"强式"握法和"弱式"握法。

图 3-1-2

"强式"握法，是指左手过度偏球杆上方，而右手偏球杆下方。"强式"握法不见得是好的握杆法，它容易打出弹道低的左曲球。

"弱式"握法，是指左手几乎向左转至球杆下方，而右手则位于球杆上方，这种常见的结果是击球时杆面向右开，打出右曲球。

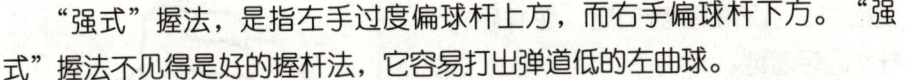 **技术要点**

右手主要用手指握杆，球杆应横置于小指根部到食指第一关节之间，右手拇指和食指形成一个问号。

 连锁式握法

动作方法 见图 3-1-3

（1）左手手形同重叠式，握杆时，右手的小指插入左手食指与中指之间，与左手食指勾锁在一起；

（2）此握法主要用于手掌较小或力量较小的女选手。

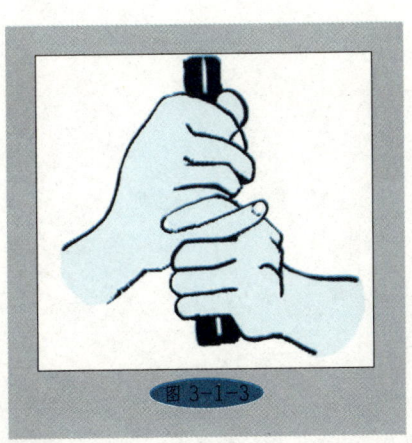

图 3-1-3

握杆

两手连锁在一起，容易产生一体感，有利于发挥右手力量。

十指式握法

❀ **动作方法** 见图3-1-4

（1）左右两手分开，用食指握住球杆，右手的小指与左手的食指相贴，这种握法多为力量差者、高龄者及女性使用；

（2）选择适合自己的握杆方法，要以松弛、自然的姿势站立，握杆后将杆头轻轻着地。

❀ **技术要点**

（1）两手拇指与食指所形成的倒"V"字形应指向右肩方向；

（2）两手握杆的力量要适度，不可太紧，也不可太松。

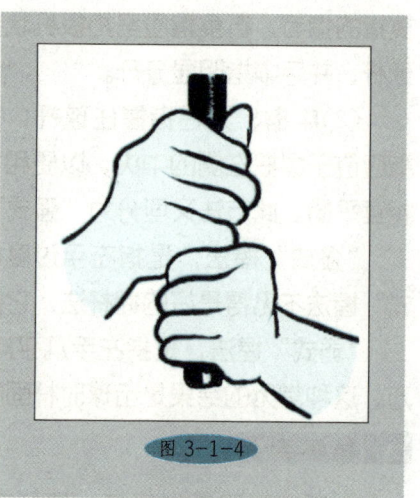

图 3-1-4

第二节

准备姿势

　　球杆接触地面时即为准备击球，而在障碍区内，选手做好站位时即为准备击球，包括脚位、球位和身体姿势三个方面。

准备击球姿势

Y 脚位

✿ 动作方法 见图 3-2-1

　　正脚位，指两脚尖连线与准备击球路线平行的站法；

　　开脚位，指左脚略后撤的站法；

　　闭脚位，指右脚略向后撤的站法。

✿ 技术要点

　　双脚的距离一定要适当，使用不同的球杆，双脚的宽度不同，但无论使用哪号球杆，右脚应与目标线垂直或略开，左脚尖向外打开 20～30 度。

图 3-2-1

 球位

动作方法 见图 3-2-2

面对球，左肩对准击打方向。握好球杆，双臂自然下垂，大臂贴近胸部，杆头自然贴近球。

技术要点

（1）一般双脚间的距离以不超过双肩宽为原则；

（2）初学者应使用 5 号铁杆练习，将球置于双脚正前方中间，这样较易掌握击球点。

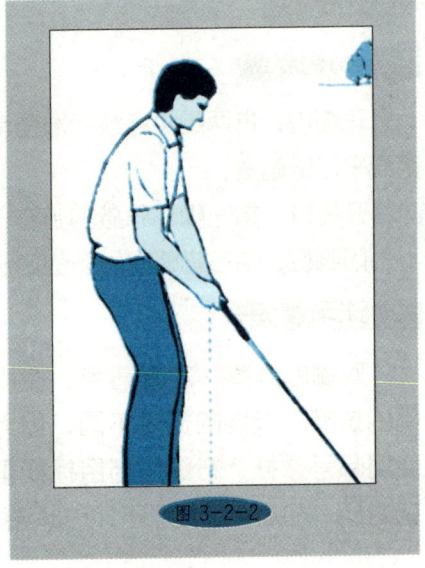

图 3-2-2

 身体姿势 ◆◆◆◆◆◆◆

动作方法

（1）选手握好球杆后，双手自然前伸，球杆底部轻轻地着地，两脚分开约同肩宽，身体重心落在两脚上；

（2）身体从髋部前倾，背部挺直，头自然略向下俯视，以恰好看到杆头为好；

（3）双膝关节略弯曲，身体左侧朝向目标方向。

技术要点

（1）在挥杆的过程中提供良好的平衡，其中下半身的主要作用就是稳定地支撑，让上半身平稳地旋转；

（2）全身各部分协调用力，使每一部分的力量流畅自然地释放出来。

第三节

瞄球

以正确的姿势瞄球是挥杆动作中最重要的一环，因为这决定你会打出什么样的球。瞄球是指调整身体各个部位，在击球瞬间保证杆头面正好对着球，以及保证手握球杆沿着目标线挥杆。

动作方法 见图 3-3-1

（1）站在球后确定击球方向，然后握住握把，举起球杆确定目标；

（2）在球位与目标球间画出一条假想的目标线，并在目标线上球的方向约 1 米处，确定一个目标替代点，即杆面与目标线呈直角；

（3）最后确认身体各部位是否与目标线平行。

图 3-3-1

技术要点

（1）瞄准的方向非常重要，脚趾、膝盖、臂部、肩膀和双眼都要平行目标线；

（2）臂部和肩的位置最为重要，由于右手握杆位置较低，所以，很容易将右肩或左肩向前拉；

（3）右肩和臂部一定要与目标线平行，这样才能正确地做出挥杆动作。

第四节
挥杆击球

高尔夫球挥杆击球的基本原理是：球杆的长短，决定挥杆轨迹的长短；球飞行轨迹的高低，视球杆杆头角而定。高尔夫球击球动作可分解为：引杆、下挥杆、击球、顺势摆动和结束动作等几部分。

挥杆过程中，杆面的正确状态是：后引时，杆面正对目标；随着球杆上挥，杆面逐渐打开，朝向身体前方；至顶点时，朝向身体前上方，后倾大约45度；在下挥杆过程中又逐渐还原，触球时正对目标方向。

引杆，是指将杆头从击球准备时的状态开始，向球的后上方摆动的动作。

🏵 **动作方法** 见图3-4-1

杆面瞄球的后方，使左臂与球杆成为一个整体。顺着球的方向正后方引杆30厘米左右，自然后引时头和肩都不要动。

✿ 技术要点

从挥杆动作的整体来看，后引和上挥动作之间没有任何停顿，后引是上挥的开始，上挥是后引的延续。

瞄球

✿ 动作方法 见图 3-4-2

（1）站好后，膝盖位于脚掌正上方，肩膀前段与脚尖在一条垂直线上；

（2）双脚平均用力，重心通过两脚掌的连线，双脚、双膝、双肩、双眼与目标线平行。

✿ 技术要点

各部位要放松，但要保持一定的弹性和张力。

起杆

✿ 动作方法 见图 3-4-3

（1）如果球位在时钟 6 点位置，那么杆头到达 8 点位置；

（2）在此位置手腕角度与瞄球时相同，臀部保持不动，握把末端指向肚脐。

✿ 技术要点

（1）从瞄球到此位置，肩、手臂、手、球杆一起移动；

（2）双臂与双肩形成的三角形保持不变，不可转动手腕，或因身体重心右移导致杆头沿目标线后移。

图 3-4-1

图 3-4-2

图 3-4-3

定位

⚜ **动作方法** 见图 3-4-4

（1）球杆指向 9 点钟位置，杆身与地面平行并与目标线平行；

（2）手腕略屈、右手肘弯曲，在肩膀的带动下，臀部转动很小。

⚜ **技术要点**

握把末端沿垂线通过右脚尖外侧，杆身位于两脚尖连线的正上方，并与地面平行；杆身位于初始平面内，杆头指向天空。

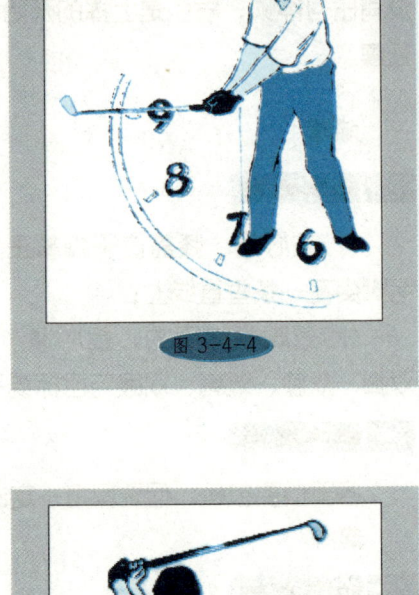

图 3-4-4

手腕设定

⚜ **动作方法** 见图 3-4-5

（1）左手臂与地面平行，手腕完全弯曲，握把末端指向目标线的延长线，此位置非常重要，如果正确无误，上杆就会很容易；

（2）此过程，挥杆平面变陡，手臂和肩的动作带动身体旋转。

⚜ **技术要点**

肩膀转动大约 75 度，手腕完全弯曲，杆身的平面比瞄球时的初始平面更陡，杆面与左前臂平行。

图 3-4-5

⚜ **错误纠正**

身体旋转与手臂动作不同步，身体完全旋转；右臂离身体太远；平面太平或太陡。因此，应注意身体与手臂的协调配合，并保持杆身平面的角度。

上杆顶点

✿ **动作方法** 见图3-4-6

（1）身体重心移到右脚内侧，左脚不要离开地面，保持右腿角度与瞄球时相同；

（2）此时臀部转动约45度，肩膀完全转动约90度，背部正对目标。

✿ **技术要点**

（1）整个身体就像上紧的发条或者拉满的弓，背部肌肉绷得很紧；

图 3-4-6

（2）左臂伸直跨过胸前，右手肘贴近体侧，右前臂与脊椎轴平行；

（3）右手位于球杆下方，左腕背面保持正直。左臂与球杆的角度大约是90度，球杆位于右肩末端正上方，对于长杆，杆身应水平于地面并与目标线平行，杆面与左臂平行。

✿ **错误纠正**

（1）右手肘角度过小，会导致挥杆半径过小，应尽量保持在90度左右；

（2）左手肘抬得过高，会导致挥杆平面过陡。应注意左手臂与胸部保持适当的距离。

从下杆至完成击球，可划分为4个重要位置。此处为上杆到下杆方向的转变，是非常重要的动作，也是最容易出错的地方。

✿ **动作方法** 见图3-4-7

（1）下杆首先要向左移动臀部，头部保持原位，此时左臀、左肩与左臂

保持绷紧，臀部主动往回转，手臂和手保持被动，手腕角度与上杆顶点时相同，右肘角度不变；

（2）臀部向左移使右肩降低，右手肘向下和向内拉，双臂向下降，以便下杆平面降低，便于球杆自目标线内侧下杆击球。

❄ 技术要点

（1）引杆的起动顺序为杆头、臂、腰、膝，而下挥杆时恰好相反，即从脚开始起动，带动膝、腰、肩、臂、杆头；

（2）继续降低挥杆平面，此时的球杆面应在初始球杆面上方并与之平行，握把末端指向目标线在球后方的延长线上。

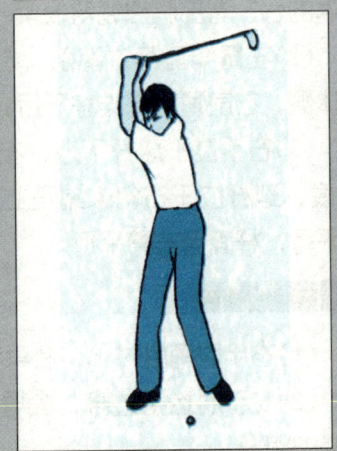

▼ 下挥杆第二个动作

这一位置与上杆位置几乎对称，从这一位置开始进入击球区。此时杆头已到最后释放阶段。

❄ 动作方法

（1）左臂不要侧移，而是绕身体向后转。因为大部分身体重量仍在右侧，所以右脚并未抬起。双臂挥离右肩。右肘刚好位于右臂位置，又不会太靠近身体。

（2）手腕与球杆呈直角，此时手

腕已到最后释放阶段；杆头以最大速度
到达击球位置。球杆与地面平行，而且
与目标线平行，杆头指向天空。

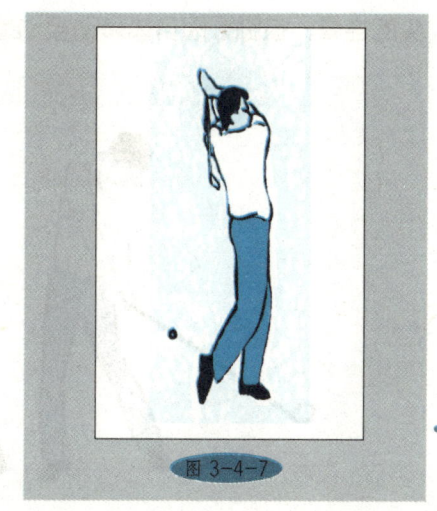

图 3-4-7

 技术要点

切勿使球杆过分由内向外接近球
而产生左曲球或右推球，也不要用球
杆过分由外向内击球，产生右曲球或
者左拉球。

 错误纠正

过早释放手腕，将会导致击球时
双手落后球杆，杆面关闭。因此，应
注意掌握动作方法，找准释放手腕的
时机。

击球

击球是瞬间的动作，它实际是下挥杆的一部分。

 动作方法 见图 3-4-8

（1）在击球位置，球杆速度达到最
快，杆头的打击力达到最大。左手臂
与球杆呈一直线，手的位置在杆头前
面，左手腕背平直。右手臂和右手腕
略弯曲，几乎与瞄球时相同，以便保
持杆面方正。

（2）脊椎角度与瞄球时相同，头留
在球后方。双肩臂在瞄球时略开放。
臂部开放约 45 度。左腿略弯一点，稳
定支撑并产生抗力。

（3）右膝弯曲向内指，不超过双脚

尖的连线，右脚跟因身体转动被动地抬起。

图 3-4-8

技术要点

　　(1)击球时的杆头路线。应想象成从球到目标点有一条目标线，站位一侧称为里面，另一侧称为外边。在挥杆击球时，杆头的运行方向决定了球的初始方向。当球杆运行方向在击球瞬间与目标线一致，即沿着目标线击球时，球的初始方向朝向目标。如果杆头路线从外边挥向里边，球的初始方向朝向左边。反之，杆头由内向外挥，球开始时会朝右边飞。

　　(2)杆面朝向。在击球的一瞬间，杆面的朝向决定了球的弯曲。如果击球时杆面的朝向与杆头运行方向一致，那么球会朝杆头运行方向直飞出去；如果杆头打击面朝挥杆方向的左边，那么球会因被切了一下产生左旋导致左曲线运行。

　　(3)方正击球。是指在击球瞬间击中杆头的甜蜜点。如果非杆头中心击球会损失很多距离。据统计，击球时偏高甜蜜点 1.3 厘米，距离损失百分之十左右。同时非杆头中心击球也影响方向，其中趾部击球会产生左曲球，跟部击球产生右曲球。除了以甜蜜点击球外，杆头的底边要与地面平行，如果击球时杆头前段翘起球会左曲球，反之杆头后跟提起会产生右曲球。

　　(4)击球角度。当挥杆击球时，杆头运行的轨迹与地面形成一个角度，称为击球角度。有三种情况：杆头向下运行时击球；杆头轨迹与地面平行时击中球；或杆头从最低点向上运行时击中球。不同的击球角度产生不同的弹道和逆旋程度，向下挥杆击球使球杆的有效倾角变小，后旋大，弹道低；杆头与地面平行时击球产生标准弹道；杆头从最低点向上挥杆时击球后旋小，弹道变高。

开球时为了追求距离，在发球台上发球，要让杆头向上运行时击球，因为较大的起飞角度和较小的逆旋可使球飞行和滚动距离偏远。球道木杆和长铁杆当然也注重距离，但球道上无法架发球台，因此，只能在杆头运行与地面平行时击球。在攻果岭时更多应采用下切式击球，球杆越短击球角度越大。

(5)杆头速度。正常情况下，击球时的杆头速度越大，球飞得越远，当然前提是方正击球、杆头路线和杆面角度正确。在其他条件不变情况下，杆头速度越快，给球的后旋越大，因而弹道也越高。

错误纠正

下肢向左移动太多，会导致头部落在后方太远；因过早释放杆头导致左手腕弯曲，杆头超过双手，造成杆面左关。身体转动过快，手腕未及时打开，杆头落后双手导致杆面开放。因此，应在击球时，调整好下肢站地的姿势，协调身体与手腕的转动和打开动作，使击出的球按预计的想法飞行。

击球时挥杆路线和杆面朝向的不同组合导致 9 种不同的球路：当挥杆路线与目标一致时，如果杆面正对目标则球会一直飞向目标；如果杆面朝左则球会开始直飞再弯曲飞向左边；如果杆面朝右球会开始直飞再弯曲飞向右边。当杆头路线从外边挥向里边时，如果杆面朝向与挥杆路线一致就会向左直飞；如果杆面朝向左边球会开始向左直飞再弯曲到左边；反之杆面朝向右边球会开始向左直飞弯到右边。当挥杆路线从里边挥向外边时，如果杆面朝向与挥杆路线一致，球会直飞向右边；如果杆面朝向左边球会开始向右直飞再向左弯曲；如果杆面朝向挥杆路线右边球会开始向右直飞再向左边弯曲。

顺摆

右手臂伸直与地面平行，由于离心力的作用，将手臂带向左边，且手腕未完全弯曲。

※ **动作方法** 见图 3-4-9

(1)身体向后旋转，非向左移动，身体重心向脚跟移动，左腿伸直支撑身体大部分重量，身体几乎正对目标，右腿和右脚向左侧拉动，但要有一定抗力；

(2)右手臂伸直，左肘向内弯曲，球杆与初始挥杆面平行并在其上方。

※ **技术要点**

身体沿总轴旋转，身体重心向脚跟移动。右臂伸直，左肘向内弯曲。球杆与初始会杆面平行并在它的上方。

※ **错误纠正**

顺摆过程中，重心如果滞留在身体右侧，导致左曲球。因此，应注意重心随身体旋转而移动。

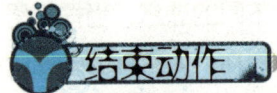

※ **动作方法** 见图 3-4-10

(1)左腿伸直，重心落在左脚跟，左脚尖略离地，右脚尖着地，右脚几乎垂直地面；

(2)皮带扣正对目标，右肩比身体其他部分更接近目标；

(3)双肘的距离与上杆顶点位置差不多，左肘向内弯呈直角支撑球杆，右手臂横跨胸前；

(4)球杆斜挎过后背，杆头指向地面。

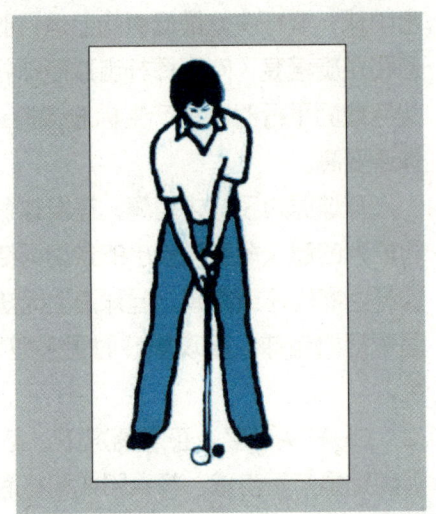

图 3-4-9

 **技术要点**

（1）收杆是下杆动作的自然结果，收杆的关键是身体要有良好的平衡；

（2）从收杆的姿势就可判断是否正确，进而断定击球的品质。

错误纠正

左、右脚站地不稳，收杆动作不完整。因此，应注意身体平衡的训练。

图 3-4-10

第五节
切高球技术

用短铁杆打高吊球是初学者入门的主要技术，同时也是使球超越障碍区的高难技术。

选杆

短铁杆或劈起杆。

握杆

动作方法

(1)将球杆的握把斜着放在左手指；

(2)靠掌的第一指节和小指最下方靠近手腕的厚肉垫上，用中指、无名指和小指握住球杆；

(3)左手大拇指轻轻放在球杆中间略靠右的位置；

(4)右手指握杆，大拇指在球杆中央靠左的位置，虎口包住左手的大拇指，右手的小指横跨在左手食指和中指中间的间隙上。

技术要点

(1)要注意使右掌心与杆头方向一致，便于控制球打出的弧线和方向；

(2)若要减少球的滚动距离，可使右掌心朝下。

站姿

动作方法 见图3-5-1

采用开脚位站立，对着目标10～20度，上体应前倾，背部不可太挺直，两膝自然弯曲。

 **技术要点**

身体前倾、两腿自然弯曲。

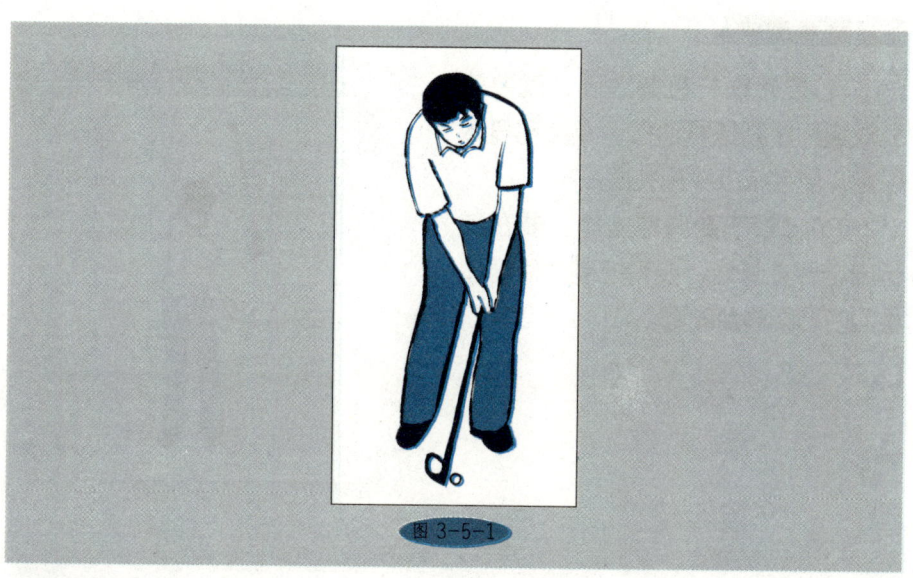

图 3-5-1

瞄球

 **动作方法**

两脚开位站立，球在偏右位置。

 **技术要点**

采用短铁杆时，球位一般在两脚间偏右的位置。瞄准时，手的位置在球的前方。

 **挥杆击球**

 **动作方法** 见图 3-5-2

（1）上杆时身体重心在右脚，杆时移至左脚，主要靠肩、臂的转动来击球，手与手腕的动作减少到最低的限度；

（2）身体要站稳，挥杆的幅度不必很大；

（3）下杆击球动作要轻松，右臂和右手有"甩"的动作，要打"实"球，打"穿"球。

技术要点

（1）要使铁杆打得准确，就要依靠双脚和控制球杆动作，双脚和身体稳定，便会减少挥杆失误；

（2）脚跟不要离地太早，要在球击出之后才离地，要有控制地使身体重心由右脚移至左脚。

图 3-5-2

运动保健

第六节
切低球技术

通过轻松自如的动作，把球打得又高又远，自然会有成就感。但如何击球入洞，常常取决于球距洞几米至几十米的近距离击球技术。球落在果岭附近，如果草坪较平而短，最好使用推杆。但当球被草托高，或者距离较近时，最好选择切低球技术。切低球技术包括切短低球技术和切远滚球技术。

练好切低球技术，直接击球进洞的概率就会很高。

短铁杆或中铁杆（世界高尔夫球王尼克·佛度用 6 号铁杆，诺曼用 7 号铁杆）。

采用反叠式握杆法（推杆握法）。手肘内缩贴近身体两侧，手腕伸直略向上凸出。杆身立直，杆头趾部触地，跟部则略上提，球的位置也偏于杆头趾部。站位要靠近球，双眼在球的正上方，注视球。以杆头趾部击球，有利于控制短球的力度。

站位要靠近球。球位在双脚中间偏右脚。

 挥杆

动作方法 见图 3-6-1

（1）手腕在上杆时可以弯曲，但仍要顺目标线后举并前送；

（2）下杆时手腕保持固定角度，不要向前弯曲。

技术要点

（1）挥杆动作与推杆动作相同，主要以肩膀的摆动来进行挥杆，但切低短球时，手部动作略多一些；

（2）击球时保持伸直的手腕可以限制挥杆弧度，不致太大。

图 3-6-1

运动保健

 **切远滚球**

当球距离果岭较远（从十几米到六七十米），而且地势较为平坦时，采用切远滚球技术。

 **选杆**

根据击球的距离选用3号、4号、5号、6号、7号铁杆，可以较容易地将球打上果岭。

 **握杆**

采用重叠式握杆便于用力，握杆短一些。站姿开脚位站立，两脚分开较窄。身体重心偏向左脚，双眼注视球的正上方，双手握杆位置在球的前方。

 挥杆击球

✿ **动作方法** 见图3-6-2

（1）手腕上挥时略弯曲，保持肩与两臂的三角形结构，击球时以肩膀的摆动来带动手臂及球杆；

（2）双腿可以配合肩膀的摆动而略移动。

✿ **技术要点**

引杆与前送的距离相同，采用略向下击球的方法。动作节奏平稳，头部始终保持固定。

图3-6-2

第七节
沙坑球技术

　　沙坑的英文名是 Bunker。沙坑是球场上的障碍区，是对高尔夫球选手技术的考验。每一个沙坑里的沙都不一样，甚至同一个球场的沙质也不同，而高尔夫球随时有掉进沙坑的可能，这就要求打高尔夫球的人一定要掌握好打沙坑球的基本功。

 **选杆**

　　沙坑杆(见图 3-7-1)、劈起杆(见图 3-7-2)或 9 号铁杆。

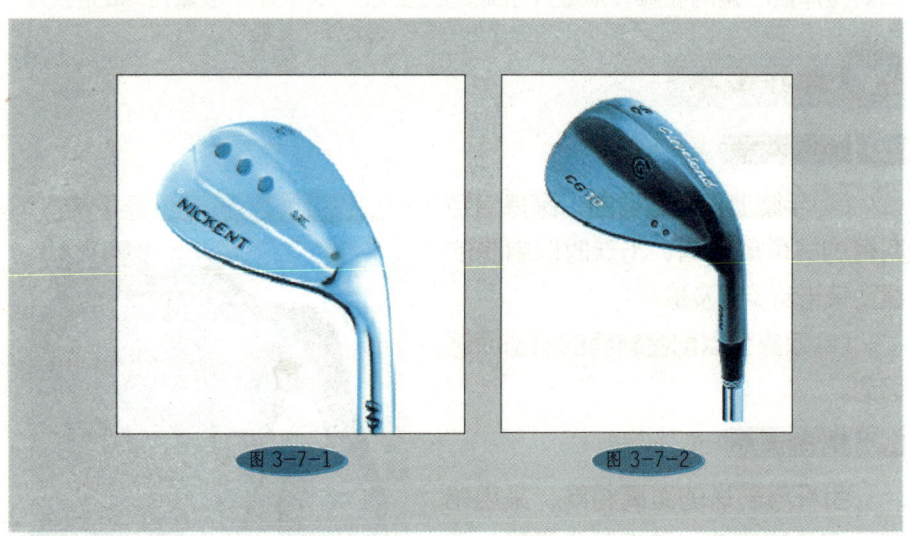

图 3-7-1　　　　　　　　　　图 3-7-2

 **握杆**

　　基本握杆方法与短钢铁杆相同，唯一要改变的是两手在握杆时向逆时针方向调整，即将杆面打开，握杆时两手要握得结实。

 **站姿** ◆◆◆◆◆◆◆◆

采用开脚站立，两脚位置与目标约呈 30 度。瞄球之前要左右扭动身体，使脚底埋进沙里，保持身体平衡。球的位置要在两脚中心靠左，身体重心偏向左脚。

 **瞄球** ◆◆◆◆◆◆◆

瞄球点是球后 2 厘米左右的沙子。双脚、双膝、臀部和肩膀皆朝向目标的左方，这样的姿势有助于垂直度大的上杆和下杆击球。

 **挥杆击球** ◆◆◆◆◆◆

🔧 **动作方法** 见图 3-7-3

（1）要根据球与旗杆的距离，决定上杆的幅度；

（2）下杆时以左臂为前导，用杆头击球杆后 1 厘米左右的沙子。

图 3-7-3

第八节
特殊击球技巧

在打高尔夫球的过程中，还会遇到很多的特殊情况，需要采用特殊的击球技巧。下面介绍几种特殊情况下的击球技巧。

打长草区球

动作方法 见图3-8-1

球掉进长草区时，打球的规则与在沙坑中相同。准备击球时，球杆不能接触到草。因此，击球的难度较大。

技术要点

球的位置要偏于右脚，站呈开式，杆面向外张开，上杆的时候不能平平地拉开，要直接把球杆提起，下杆时杆面从球的底下挖过去。

图3-8-1

打球高人低的斜坡球

动作方法 见图3-8-2

打这种球时，手要握在握把的下沿，人离球远一点，身体重心放在左脚上，球的位置要在中间靠右的地方。

技术要点

挥杆的时候下杆要重一些，瞄准目标的右边。

图 3-8-2

 ## 打球低人高的斜坡球

动作方法 见图 3-8-3

面向下坡的方向击球，要站得靠球近一些，身体的重心放在左脚的脚跟上，深弯腰，手握在杆柄末端，瞄准目标左边的地方。

技术要点

挥杆的时候要轻一些。

图 3-8-3

打上坡球

动作方法 见图 3-8-4

打上坡球时身体和肩膀要尽量顺着坡势，依照上坡的斜面来挥杆，身体重心放在右脚上，球的位置在中央靠前的地方。

技术要点

打上坡球弹道较高，可以酌情选用倾角小的球杆。

图 3-8-4

 打下坡球

动作方法 见图 3-8-5

球的位置要在中央靠右脚，身体重心在左脚，身体和肩膀尽量保持与坡平行，挥杆的时候重心仍然保持在左脚，顺着坡势来击球。

技术要点

向下坡的方向击球时，下坡的坡角抵消了一些杆面的倾角，可以酌情选用大的球杆，用"P"杆或"S"杆。

图 3-8-5

 打硬地球

动作方法 见图 3-8-6

球的位置要在两脚中间略后的地方，要求杆头先打到球再接触地面。

技术要点

打硬地球是对选手是否能打准球、打实球的考验。

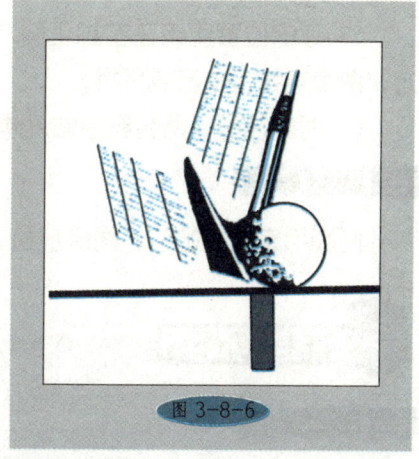

图 3-8-6

第九节

推杆技术

推杆是高尔夫球比赛中使用的各种球杆中最重要的球杆之一。在标准杆 72 杆中，推杆的杆数占一半，所以说，推杆技术的好坏直接影响打球的成绩。在一般情况下，每一洞都由推杆击球入洞。

 握杆

握杆方法很多，选手应以自然、用得上力、能将球击入洞作为握杆原则，根据自己的特点，选择合适的握杆方法。

站姿

（1）一般站位时两脚基本保持与推击线平行，两脚宽度以身体不左右晃

动，能够保持身体平衡且又感舒适为宜；

(2)两脚取好站位后，两手握杆，两膝略弯曲，上体前倾，背部呈弓形，头位于球的上方；

(3)球的位置应该在左脚正前方向与推击线的交叉点上，球在左眼正下方，两眼连线与推击线平行；

(4)两肩放松，两肘弯曲贴近两侧肘肋部。

技术要点

两脚与肩宽度站位，两肩放松，保持身体平衡。

推杆动作

动作方法　见图3-9-1

(1)瞄球。球位在两脚之间偏向左脚，左肩在球的正上方。

(2)上杆。上杆幅度小，左手臂锁定弯曲角度。

(3)下杆。左手引导下杆动作，右手在后辅助向前推。

(4)送球。击出球后送杆时，头部保持原来状态不动。

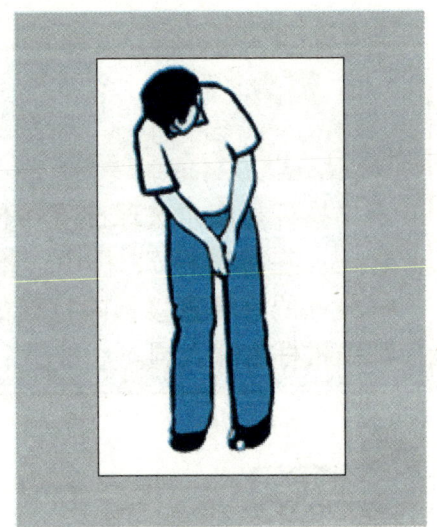

技术要点

(1)将推杆放在球的后面，与推击线呈直角；

(2)上杆轨迹应略带弧线，击球时要尽可能击中甜蜜点；

(3)在整个推杆过程中，手与肩始终保持着倒悬的三角形形状。

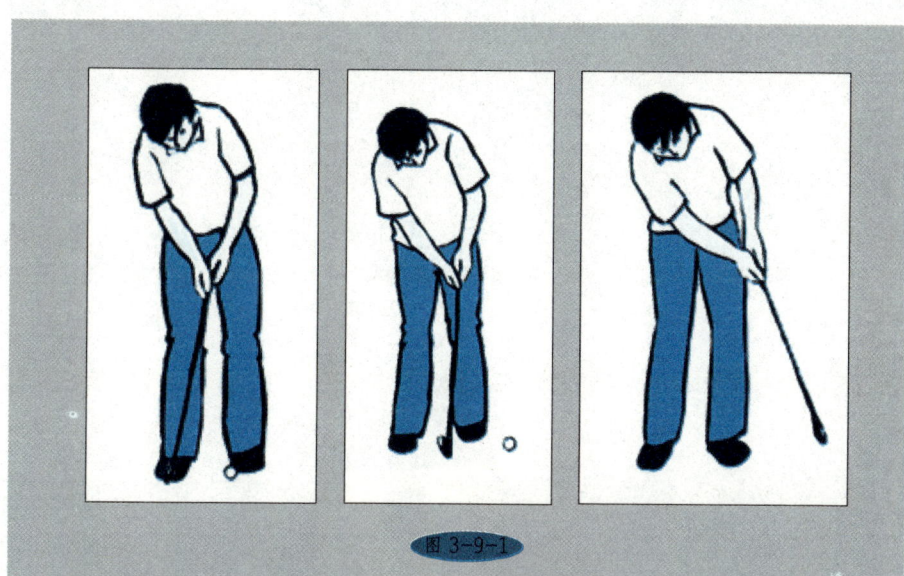

图 3-9-1

第四章　基本战术

高尔夫球战术是指在高尔夫球比赛中，选手为表现出高超的竞技水平、挑战自我并战胜对方而采取的合理有效的策略和行动。本章主要介绍高尔夫球战术的指导思想、原则及基本战术等内容。

第一节

指导思想及原则

高尔夫球战术的思想及原则是指导进行此项目运动取得胜利的前提。

战术的指导思想

高尔夫球比赛的战术指导思想是制定战术、具体行动方案所依据的准则，高尔夫球运动的战术指导思想主要体现在以我为主和准两方面。

以我为主

(1)以我为主是指选手排除干扰，不受对方影响，积极施展自己的特长技术和打法；

(2)选项手要结合自己的特长，形成自己的打球风格，不要被带入对方的战术和节奏之中，正所谓平常心是最好的战术。

准

(1)这里的准是指选手战术实施得准，发挥技术准确并运用自如，落点准确；

(2)高尔夫球运动的特点是远而准，也就是说，选手击打出去的球，既要求距离远，又要求落点准确。

运用战术的原则

牢固地依靠技术战术

战术是以技术为基础的，技术水平越高就越能出色地完成战术的要求。只有技术全面，战术才能多样化，战术的变化和发展又可以促进技术不断地革新和提高。比赛中的战术必须在充分发挥自己的技术特长的前提下，沉着稳定，不畏困难。

制定合理有效的战术方案

比赛战术方案的制定，必须结合自己的特点，并根据比赛条件与对方的技术、战术特点，做出合理有效的设计。比赛前必须通过各种方法、手段获得各种信息，即所谓"知己知彼，百战不殆"。在比赛中了解对方，衡量自己。

实施战术目的明确

运用战术必须做到有的放矢，焦点集中，抓住中心，总收全局。比赛中除了落点要准外，在力量、球杆上亦应合理运用、灵活多变，并发挥出技术优势。要利用有利因素，克服不利因素。

上述原则是有机联系、互为条件和辩证统一的。选手在培养自己战术意识的同时，也应注意培养观察了解对方技战术特点和打法情况的能力，这样才能在比赛中合理有效地运用战术，取得比赛的胜利。

第二节

基本战术计划

参加高尔夫球比赛，对选手技术、心理和运用战术的要求都较高。高尔夫球运动的基本战术主要包括以下几个方面。

制定合理的战术计划

战术计划是在比赛中实施战术的依据，制定战术计划是赛前训练最重要的任务之一。选手要根据比赛场地的有关资料和打球的体会制定出合理的战术计划。

采用合理的发球球位和球座高度

一场高尔夫球比赛，有18杆要在发球台发球；因此，选择最佳发球球位、打好第一杆球是至关重要的。在规定发球区域内，发球左右位置的选

择，要根据自己的技术情况和当时的风向、风力等多方面情况来决定。

巧妙运用优势球杆，保证第一杆的准确

一场高尔夫球比赛要打 18 个洞，打第一洞成绩的好坏，对全场比赛成绩影响很大。所以，要特别重视第一杆球，不仅要用力，还要注意把球打到自己瞄准的目标点。

优秀选手都有自己的优势球杆，在一定的距离内打得最稳、最准。

集中精力打球 发挥特长取胜

打高尔夫球要不受外界环境的影响，更重要的是控制自己的情绪波动，始终以平常心打好每一杆。要始终保持清醒的头脑，正确分析外界环境对自己技术的影响。

麻痹对方 施加压力

在热身运动中，故意表现技术动作不稳定，动作做得差，或有意表现出状态不稳、情绪不佳等，给对方以错觉，使对方产生轻敌思想。一旦开始比赛，则判若两人，出其不意，使对方毫无思想和心理上的准备。

第五章　比赛规则

　　比赛参与者应该了解运动规则，以使自己在比赛过程中游刃有余地发挥技术水平。比赛观赏者也只有在了解基本规则的前提下，才能够充分体验观赏比赛的乐趣。

高尔夫球是一项户外绅士运动，具有突出的休闲娱乐价值，球手要按照一定的方法进行比赛。

比赛形式

比洞赛

比洞赛是以每洞决定胜负的，以较少的杆数打完一洞的一方为该洞的胜者。在有差点的比洞赛中，净杆数少的一方为一洞的胜者。

比杆赛

国际大赛和全国比赛均采用比杆赛的形式，以最少的杆数打完规定一轮或数轮的参赛者为胜方。比杆赛要求球手每一洞必须击球入洞。如果有任何一洞未击球入洞，就要被取消比赛资格。

胜负判定

高尔夫球比赛一般分组进行，每组 2～4 人。在友谊赛中一般没有裁判员，每名球手在记分卡上记录本人和同组其他球手每洞的杆数。一轮比赛完成后，统计总杆数，决定胜负。

第二节
裁判方法

高尔夫球比赛要依照规则进行，从发球区开始经一次击球或连续击球后，将球打入洞内。除按照规则行动外，球手及其球童不得有任何影响球的位置或球的运动的行为。

 在发球台

(1)必须在发球区内发球，超出发球区发球，罚二杆，重新在发球区内发球算第三杆；

(2)用帽子、球杆等标示打球方向，罚二杆，但在开球之前拿开则不罚；

(3)准备发球前球掉落地面，不罚，捡起来重打；

(4)打出空杆，球仍在梯座上，不罚，空打算一杆，照原状续打；

(5)打出空杆，球掉落地面，捡起来重打算第三杆；

(6)球落在发球标志边无法挥杆时可不罚，拿开标志继续打；

(7)球打中自己的装备，罚二杆，在球停止的地方续打；

(8)借同伴的球使用，不罚，借同伴的球杆击球，罚二杆；

(9)打出遗失球，罚一杆，原地再打算第三杆；

(10)问同伴使用球杆号码，问答者各罚二杆；

(11)错用发球台开球，罚二杆，需在正规发球台重打，若不重打而继续比赛，在下一洞打完第一杆便失格；

(12)开球顺序错误，不罚，道歉即可。

 在沙坑

(1)打球前碰到沙或整理沙，罚二杆，沙坑内也不可以试挥杆；

(2)打球前捡起沙坑内树叶、石子等，罚二杆；

(3)沙坑内两个球靠在一起时，不罚，距洞口较远者先打，较近者把球

标示后拿起，等轮到击球时放回原位；

(4)沙坑内无法击球时，宣布不能打，罚一杆，退后在坑内抛球后继续打；

(5)误打同伴的球，不罚；

(6)打出去的球碰到自己的身体，罚二杆，在球停止的地方续打；

(7)挥杆后球再碰到球杆，加罚一杆；

(8)打出去的球碰到果岭上别人的球，不罚，被打动的球拿回原位，即使球进洞也不算。

(1)用手摸草纹，罚二杆；

(2)未先标示球的位置就将球捡起，罚一杆；

(3)将球旁树叶拿开时动了球，不罚，将球放回原位即可；

(4)在果岭草皮上擦拭球，罚二杆；

(5)用球杆扫除果岭上的露水，罚二杆；

(6)因风大而球移动，应在球停的位置续打，洞边的球被风吹进洞时，进球有效；

(7)球被旗杆布卷住，因摇动旗杆而进洞，应不算进洞，放在洞边续打；

(8)拔起旗杆放在果岭上时碰到球，罚二杆，在球停的位置续打；

(9)推杆时碰到同伴的球，罚二杆，在球停处续打，将被碰的球捡回；

(10)推杆时碰到对方的球后自己的球进洞，罚二杆，将对方的球捡回原位，进球有效；

(11)推杆时碰到对方的球且使其进洞，罚二杆，在球停处续打，将进洞球捡回原位置。

(1)球落在水池边继续打，不罚，但打时不可碰到水或草，否则罚二杆；

(2)球落入流水中滚动可照打，不罚。

 **在球道** ◆◆◆◆◆◆◆◆◆

（1）飞球落下直接埋入土里，不罚，可以取出，擦拭后在适当处抛球续打；

（2）球落在施工处、柏油路或积水处，不罚，可在适当处抛球续打；

（3）球落在树根或树木上，球不能打时，罚一杆；

（4）球落在树上而找不到时，罚一杆，算遗失球，回原地重打；

（5）两个球在同一地方，号码与牌子相同致使无法判断球的归属时，罚一杆，二人都算遗失球，应回原地重打；

（6）球落在可抛球的积水处，可先擦拭后抛球，不罚；

（7）打出的球应在球道中央却找不到，可能被人错打时，如同伴认定是被错打可在适当处抛球续打，不罚，否则算遗失球；

（8）球进深草区时，为确认是否是自己的球而触动了草，不罚，但如果为改善打球地形则罚二杆，球动则罚一杆，然后放回原位续打；

（9）用球杆或脚压踩球后方的草时，罚二杆；

（10）试挥杆时不小心触动了球，算一杆，在球停处续打；

（11）球上有土时捡起来擦拭，罚一杆；

（12）任何情况下如果要捡球，一定要先标示球位置，否则便罚一杆；

（13）找球时不小心踩到自己的球，罚一杆，球拾回原地后抛球再打，否则续打罚二杆；

（14）错打别人的球，罚二杆，回原地打自己的球。

 **在果岭边** ◆◆◆◆◆◆◆◆◆

（1）可要求同伴将已上果岭的球标示拿开，同伴拒绝便失格；

（2）打上副果岭，可在不靠近旗杆边的原果岭边的一支球杆的距离内抛球续打，不罚，否则罚二杆；

（3）故意将他人打出去的球挡住，罚二杆或失格，被挡住者在球停处续打则不罚；

（4）球打出去好像要进洞时，他人将旗杆拿起后球进洞，罚拿旗杆者二杆；

（5）球打上无标示可抛球的副果岭，用推杆以外的球杆打下一杆，不罚，但不可伤及果岭。

其他规则

（1）使用规格外的球杆（如两面球杆等），失格；

（2）使用十五支以上球杆，罚四杆，每洞附加二杆，但十八洞最高罚四杆；

（3）在球杆面贴上或涂上东西，失格，可以贴涂在杆面以外的地方；

（4）使用规格外的球，失格；

（5）比赛中多写自己的差点，失格；

（6）开球迟到，失格，但在五分钟内或同组尚未打第二杆时赶到，罚二杆；

（7）比赛中打练习球，罚二杆；

（8）赛前在球场内练习，失格，但可在发球台附近练推杆及短铁杆；

（9）询问球友球到球洞的距离，问者与答者都罚二杆。